GALERIES DURAND-RUEL

———

# Exposition E. Boudin

*PARIS 1889*

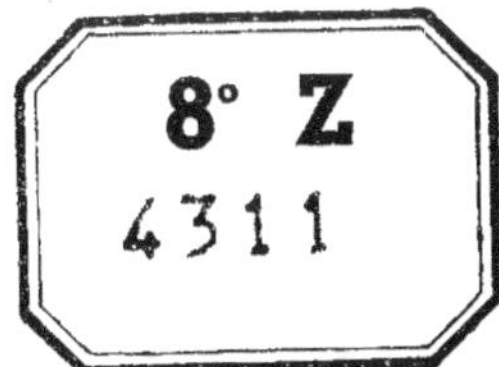

GALERIES DURAND-RUEL

11, RUE LE PELETIER, ET 16, RUE LAFFITTE

# EXPOSITION

DE

# TABLEAUX, PASTELS

## FUSAINS

PAR

# E. BOUDIN

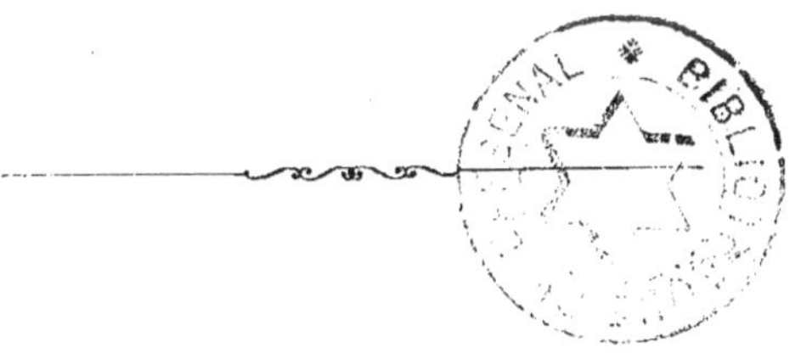

*L'EXPOSITION*

sera ouverte du *8 juillet au 14 août 1889*

de 10 h. du matin à 6 h. du soir.

ENTRÉE: 11, RUE LE PELETIER

PARIS

IMPRIMERIE D. DUMOULIN ET C^{ie},

Rue des Grands-Augustins, 5, à Paris.

# P RÉF CACE

La plupart des lecteurs de ce Catalogue auront cer-
tainement gardé mémoire de l'exposition première des
œuvres de M. Boudin, organisée comme celle-ci par
M. Durand-Ruel, mais alors dans un local beaucoup
moins favorable que ne le sont les galeries actuelles de
la rue Le Peletier. C'était au boulevard de la Madeleine,
en février 1883, et ce fut le début d'une série d'expo-
sitions individuelles.

Aujourd'hui, M. Durand-Ruel réunit une soixan-
taine de tableaux et pastels choisis dans l'œuvre des six
dernières années. L'exposition actuelle n'est donc à
aucun titre une réplique de celle de 1883, qui montrait
l'ensemble des travaux de M. Boudin. Résultat de ses
récentes et incessantes recherches, elle manifestera,
croyons-nous, la deuxième manière du peintre qu'on
pourrait appeler la manière lumineuse et ensoleillée.
Sa palette s'est enrichie de notes nouvelles ; son étude
constante de la nature, sa soif du vrai et du mieux l'ont
amené au but poursuivi : une plus grande intensité
dans la lumière, un rendu plus puissant, plus sonore
des colorations franches et vives.

Certains morceaux font briller avec une énergie particulière les rares qualités d'harmonie dans l'éclat, possédés cette fois par une maîtrise supérieure : sans parler des pastels, notes rapides, mais complètes sur nature, véritable *Liber studiorum* de l'artiste, nous voulons signaler ces dernières Plages de Deauville inondées de soleil matinal, ces marines aux ciels d'azur, comme le *Brick anglais* et le *Retour des barques de pêche*, enfin et surtout le tableau d'animaux qui porte le numéro 53 dans le Catalogue dressé par le peintre avant sa fuite vers la mer, tableau qu'il intitule modestement *Étude*, et qui nous semble une des plus belles toiles de ce genre que jamais aucun maître ait signée, y compris Paul Potter, Cuyp et Troyon.

D'autres toiles encore nous transportent dans de gras et humides pâturages où ruminent de belles vaches normandes ; et ces tableaux, que le peintre a traités avec des soins et dans des formats inusités, ne seront pas une des moindres attractions de cette galerie. Déjà, en 1883, M. Boudin avait exposé des études d'animaux auxquelles le public, absorbé par les vues de ports et de villes, n'accorda pas peut-être toute l'attention qu'elles méritaient. Nous pensons que les toiles nouvelles peuvent soutenir la comparaison avec les œuvres des meilleurs animaliers modernes, et même avec celles du plus illustre de tous. Si elles ne présentent pas les robustes structures, les modelés gras et soyeux des vaches de Troyon, elles possèdent des qualités de finesse, de distinction et de fluidité dans les ciels que ce dernier n'avait pas toujours, il faut le reconnaître. Outre que ces tableaux reposent sur des centaines d'études et de dessins rehaussés, cherchés par la construction et par l'allure, — et qu'il faut, pour se faire idée de leur nombre, avoir vus dans l'atelier du peintre, — il est bon de rappeler que M. Boudin, par la nature même de ses anciens travaux, était tout préparé à aborder ce genre spécial auquel il semble se complaire aujourd'hui. Il fut, en effet, aux temps difficiles de ses débuts, le collaborateur de Troyon pendant plusieurs années. — Dans une étude publiée par M. Philippe Burty à propos de la première exposition de M. Boudin en 1883, et dans laquelle l'éminent critique retrace les commencements si pénibles et si courageux du peintre havrais, nous trouvons le fait raconté en ces termes :

« M. Eugène Boudin n'a pas toujours conquis au premier combat cette virtuosité dont la naïveté fait le charme principal. Né à Harfleur dans une famille pauvre, il a connu toutes les traverses de la vie [1]. Il était arrivé à établir au Havre un petit magasin de papeterie et de couleurs. Cela le mit en rapports intimes

---

1. Son père était marin, et lui-même, enfant, navigua comme mousse à bord d'un long-courrier.

avec les romantiques qui venaient de découvrir la Normandie et la Bretagne, Camille Flers, M. Jules Dupré,
Eugène Isabey, puis avec l'autre levée, François
Millet, Gustave Courbet. Il s'essayait à peindre des natures mortes, dans le goût de Chardin, des bateaux
dans le port, des animaux, des ciels surtout, — ils sont
si attrayants dans leurs effets aux abords de la Manche !
— Ses compatriotes demeuraient froids. Troyon obtint
d'eux cependant une petite pension et l'entraîna à Paris.

« M. Boudin avait procuré à Millet, au Havre, quelques ventes de petites compositions à la Diaz et quelques portraits à trente francs de capitaines en partance
ou d'armateurs retirés du trafic de bois d'ébène. Il avait
entrevu sur la face amaigrie du robuste travailleur ce
qu'un débutant n'appartenant pas à l'école avait à avaler de vache enragée. Il débarqua sans moins de confiance dans ce Paris si blasé et si curieux, si occupé et
si bon enfant. Il aida pendant plusieurs années Troyon,
miné déjà par des troubles mortels des centres nerveux,
à mettre au carreau ses grandes compositions, à les
ébaucher, même à y épandre les ciels superbes aux
nuages gonflés de pluie. »

Au bout de ces quelques années, le jeune peintre dut,
sa modeste pension havraise ayant pris fin, se retirer
dans sa province en attendant des temps plus favorables, et c'est ainsi qu'il demeura près de quinze années sans revenir à Paris.

Quand il y revint, son talent, nourri par une étude constante et recueillie devant la nature, était en pleine maturité. Les marchands et les amateurs, récalcitrants au début, firent bon accueil à ses marines. Du reste, aux Salons annuels, ses tableaux avaient frappé les artistes par cette admirable justesse des valeurs, poursuivies et notées sans défaillance, qui fait l'incontestable supériorité du peintre, et dont Corot et Jongkind seuls, peut-être, avaient jusqu'alors fourni d'aussi frappants exemples. M. Boudin fut, après ces deux maîtres, un protagoniste influent de l'étude du plein air, un des promoteurs de l'école impressionniste.

Dans l'étude citée plus haut, M. Burty ajoutait : « M. Eugène Boudin, sans pasticher M. Jongkind, a eu les yeux ouverts par son œuvre. A son tour, il a fait un élève... c'est M. Monet, dont les paysages, lorsqu'ils n'ont point été trop hâtivement brossés, exercent sur les spectateurs délicats une sensation d'étonnement charmé. D'autres, moins sincères ou excessifs, ont parfois compromis la cause.

« M. Boudin ne s'est point improvisé impressionniste. Il est arrivé à ses conclusions par des raisonnements, des comparaisons et des essais... L'étude des conditions expresses sous lesquelles se présente ici et là la nature le conduit seule. Nulles traces d'école. »

S'il fallait absolument établir des comparaisons, trouver des maîtres à un artiste sorti de la mer et qui

s'est formé à peu près seul, nous les chercherions vo-
lontiers dans ces peintres hollandais du dix-septième
siècle, qui, sur des faits et des spectacles simplement
observés et traduits, ont écrit des pages d'une sûreté
de méthode et d'un charme d'intimité parfaits, et, plus
particulièrement, dans Van de Velde et dans Van
Goyen. M. Boudin nous semble par instants un des-
cendant bien moderne, bien contemporain de ces deux
maîtres ; plus d'un grand amateur s'est plu à réaliser
le parallèle, et de ce redoutable voisinage, le peintre
moderne n'a pas été diminué.

C'est qu'en effet, depuis bien des années déjà, les
œuvres de ce travailleur solitaire et infatigable, dont
la production est immense, sont entrées dans presque
toutes les collections. Comme il arrive souvent aux
débuts, les premiers acheteurs des ouvrages de M. Boudin furent des artistes, des peintres. A cette époque
initiale dont nous avons parlé, alors que les exigences
de la vie le confinaient à Honfleur ou au Havre,
M. Boudin avait souvent recours au pastel pour fixer
dans des notes rapides, mais extraordinairement justes
et ressenties, les effets fuyants des nuages et de la mer.
Ch. Baudelaire les vit au Havre en 1859, et dans une
étude consacrée au Salon de cette même année ( où
M. Boudin exposait son *premier* tableau ), il parla de
ces pastels avec enthousiasme : « Ces études si rapide-
ment et si fidèlement croquées d'après ce qu'il y a de

plus inconstant, de plus insaisissable dans sa forme et dans sa couleur, d'après des vagues et des nuages, portent toujours écrits en marge la *date*, l'*heure* et le *vent ;* ainsi par exemple : « 8 octobre, midi, vent du Nord- « Ouest ». Si vous avez eu quelquefois le loisir de faire connaissance avec ces beautés météorologiques, vous pourrez vérifier par mémoire l'exactitude des observations de M. Boudin ; la légende cachée avec la main, vous devinerez la saison, l'heure et le vent ; je n'exagère rien. »

Un peu plus tard, Corot les vit à son tour, ces pastels, et insista tellement auprès de leur auteur pour en acquérir quelques-uns, que M. Boudin finit par céder, malgré son attachement pour ces documents précieux, dont l'ensemble formait une véritable histoire du ciel. M. Burty trouvait qu'ils rappelaient les études de nuages que se disputaient les admirateurs d'Eugène Delacroix à la vente posthume de ses cartons.

Ce que nous venons de rappeler ici n'est peut-être pas inutile pour expliquer la virtuosité vraiment étonnante, mais toujours absolument sincère, déployée par M. Boudin dans les pastels actuellement exposés chez M. Durand-Ruel, et qui sont, pour la plupart, de date récente. On est surpris de trouver dans des croquis enlevés d'un seul jet les tons nourris et solides, la composition pleine et unifiée, enfin, toute l'orchestration de véritables tableaux.

Il faut dire à la louange des amateurs qui ont depuis longtemps déjà donné place à M. Boudin dans leurs collections, que leur choix n'a pu être déterminé par la situation officielle du peintre. En 1883, le jury lui décerna une tardive médaille de deuxième classe. Depuis, plus rien. Plus rien, malgré la constance de ses envois, souvent importants, aux Salons annuels. En fait d'honneurs officiels, M. Boudin ne cumule pas précisément ; au regard des faveurs de l'État, il est dans le même cas que MM. Degas et Jongkind. Mais qu'importe ? Pour l'artiste épris de son art, comprendre, traduire la vérité, se rapprocher chaque jour de l'idéal, le faire sentir aux autres, n'est-ce pas déjà une grande part de bonheur et une douce récompense ? Cet amour de l'art, cette foi artistique ont déjà soutenu M. Boudin dans bien des épreuves, noblement et discrètement supportées, et récemment encore, dans la plus douloureuse de toutes, la perte de la compagne dévouée de sa vie et de ses travaux. C'est pour lui qu'un critique sérieux et convaincu, M. Fourcauld, écrivait, il y a tantôt six ans, ces lignes par lesquelles nous voulons finir : « C'est la récompense de ces chercheurs, longtemps méconnus ou incompris, qu'ils sont tout d'un coup acceptés et admirés de tout le monde. Leur honnête et patient effort a tendu à déplacer la tradition : on ne leur rend unanimement justice que quand la tradition est enfin déplacée. »

---

# CATALOGUE

---

## TABLEAUX

14 — La terrasse de Deauville.

15 — Etaples, soleil couchant.

16 — La dune de Deauville.

17 — Soleil couchant.

18 — Retour des barques.

19 — Rivage de Berck.

20 — Vaches au pâturage.

21 — Vue d'Étaples. Marée basse.

22 — La plage de Tourgeville.

23 — La plage de Deauville.

24 — Trouville à marée basse. Effet du matin.

25 — La marée montante.

26 — La rivière morte à Deauville.

27 — Vue d'Étaples le soir. Marée basse.

28 — Vue prise sur les hauteurs de Trouville.

29 — L'embarcadère devant Dordrecht.

30 — La mare de Deauville près de la gare.

31 — Vue de l'avant-port de Trouville.

32 — La passe de Trouville.

33 — Vue de la plage de Berck.

34 — Marine.

35 — Laveuses.

36 — Le grain (salon de 1886).

37 — Paysage.

38 — Dunes de Berck.

39 — Laveuse.

40 — Marée basse.

41 — Bœufs dans la vallée de la Touques.

42 — Vue prise sur la Meuse, près Dordrecht.

43 — Bassin de Trouville. Effet de brouillard.

44 — L'entrée du port du Havre.

45 — Vaches au pâturage.

46 — Bassin au Havre.

47 — Bateaux au mouillage sur la Meuse.

48 — Vaches sur le bord d'une rivière.

49 — Le jardin Marcille à Oisème.

50 — Trouville.

51 — Port de Trouville le matin.

52 — Port de Camaret. — Marée basse.

53 — Etude de vaches. Environs de Berck.

54 — Le brick anglais.

55 — Vue d'Anvers.

56 — Marine.

57 — Laveuses.

58 — Vue d'Étaples.

59 — Le bassin du Havre.

60 — La forge du quai Vallée à Trouville.

61 — Bassin du Havre.

62 — Marine.

63 — Vaches au bord de la mer.

64 — Sur la plage.

65 — La barque du lamameur.

66 — Les Foins.

67 — Marine. — Soleil couchant.

68 — Avant-port du Havre.

69 — Sur la plage de Trouville.

70 — Vaches à l'abreuvoir.

71 — Bateau amarré.

72 — La nourrice. — Plage de Trouville.

73 — Bateaux de pêche.

74 — Le Havre.

75 — Marine.

76 — L'attente. — Femme de Berck.

77 — Le port de Fécamp.

78 — Effet du matin.

79 — Barque échouée. — Trouville.

80 — La tente. — Trouville.

81 — Le Havre.

82 — Les Laveuses.

83 — Soleil couchant.

84 — Sortie de l'église.

85 — Laveuses.

86 — Le trois-mâts français.

87 — Le port du Havre.

88 — Sur la plage.

89 — Bassin au Havre.

# FUSAINS



---

## COLLECTION DE PASTELS

### MARINES ET PAYSAGES

IMPRIMERIE D. DUMOULIN ET C$^{ie}$

Rue des Grands-Augustins, 5, à Paris.